MIS PENSAMIENTOS

MY THOUGHTS

Rony Pérez

ISBN-13:978-1985726819

ISBN-10:1985726815

Copyrights© por Rony Pérez

Editora: Ruth Nohemí Cardona Mazariegos
Licenciada en Letras / Universidad de San Carlos de Guatemala.

Primera edición y publicación, 2018, Editorial Buenabaj, Los Estados Unidos.
Traducción by Nora Yadira Chávez R.

Todos los derechos reservados. Ninguna parte de este material puede ser reproducida de cualquier forma o por cualquier medio, incluyendo fotocopia y grabación sin permiso escrito del propietario del copyright. El autor es el único responsable de todo texto literario en este libro.

Este libro fue impreso en los Estados Unidos de América.

Para copias adicionales se puede hacer visitando, Amazon estadounidense y europeo.

Prólogo

Es interesante leer estos pensamientos, donde el autor hace énfasis sobre la importancia de creer en un poder superior, que no somos Dios para cambiar lo que nos molesta; pero sí podemos cambiar nosotros.

Es importante vivir un día a la vez, tener la voluntad de hacer el cambio, es posible con disciplina, es sin duda, una decisión de pintar con colores el día gris. Es una lucha constante, pero vale la pena finalizar el día con pensamientos positivos, como un guerrero.

Estimado lector, te invito a leer estos pensamientos de un alma que lucha por la libertad, día a día.

Foreword

It is interesting to read these thoughts, where the author emphasizes the importance of believing in a higher power, that we are not God to change what disturbs us; but we can change ourselves.

It is important to live one day at a time, to have the will to make the change, it is possible with discipline, it is without a doubt a decision to paint with colors the gray day. It's a constant struggle, but it's worth ending the day with positive thoughts, like a warrior.

Dear reader, I invite you to read these thoughts of a soul struggling for freedom, day by day.

Ruth Cardona Mazariegos

Agradecimiento

Mis pensamientos, son una serie de escritos que fueron espontáneos y que fueron escritos en una mañana al salir el sol, en la plenitud de un medio día, en un hermoso atardecer, en el silencio de la madrugada.

Mis pensamientos, son el impulso para seguir hacia adelante y no perder la esperanza de que en la oscuridad de la vida existe una luz lleno de ilusión y visión para luchar y no darse por vencido.

En esta serie de escrito agradezco al Rey de mi universo, por la inspiración que fluye en su momento. Agradezco a cada una de las personas por su apoyo al llevar acabo este proyecto, en la traduccion, en la revisión en todo el empeño y profesionalismo. A través de esta serie de escritos espero que el lector se deleite en la motivación de vivir la vida cada milésima de segundo al máximo.

Mientras escribo mis pensamientos, siempre pienso en lo difícil que es concentrarse en las pequeñas cosas que pueden ayudarme a superar cualquier cosa durante el día. Hoy he ganado una batalla contra mi voluntad, es lo que siempre quiero, mas no siempre es lo que realmente necesito, es lo que siempre miro hacia adelante, pero aún no está destinado a ser el momento, es mi ego el que desea ser sabio, pero es mi bondad lo que me hace sentir que estoy abrumado por la humildad. Solo soy yo mismo, mas no es lo que soy cuando mi Dios no está aquí.

As I write my thoughts, I always think about how difficult it is to concentrate on the little things that can help me overcome anything during the day. Today I have won a battle against my will, it's what I always want, but it's not always what I really need, it's what I always look forward to, but it is not yet destined to be the moment, it is my ego that wants to be wise, but it is my goodness that makes me feel that i am overwhelmed by humility. I'm just myself, but It's not what I am when my God is not here

He aprendido a mantener la calma, pero tengo miedo cuando la tormenta devasta mi zona de confort. También aprendí a confiar en un poder superior para reconstruir todo lo dañado en mi alma y espíritu, así en la carne puedo ser simplemente otro ser humano. Hoy voy a escuchar a mi creador aunque sea difícil, pero estaré dispuesto a quedarme quieto.

I've learned to stay calm, but I'm afraid when the storm devastates my comfort zone. I also learned to trust a higher power to rebuild everything damaged in my soul and spirit, so in the flesh I can be just another human being. Today I will listen to my creator even if it is difficult, but I will be willing to stand still.

En la vida cada persona es parte de la motivación, para seguir adelante. Las personas negativas nunca dirán algo constructivo, pero con sus palabras hacen un ser más fuerte para continuar y no desmayar en un momento de mucha tensión. Por el otro lado, las personas positivas construirán columnas de fe, fortaleza y esperanza. Yo simplemente tengo que aprender a escuchar a cada persona, discernir lo bueno y desechar lo malo.

In life each person is part of the motivation, to move on. Negative people will never say something constructive, but with their words they make a stronger being to continue and not faint at a time of much tension. On the other hand, positive people build columns of faith, strength and hope. I simply have to learn to listen to each person, discern the good and discard the bad.

Para estar al día con toda la tecnología hay que actualizarse para estar bien cada segundo; por ello tendré que actualizar mis

emociones cada milésima de segundo. Para cada cambio tengo que reiniciar mi actitud.

To stay up to date with all the technology you have to be updated to be well every second; So I will have to update my emotions every thousandth of a second. For every change I have to restart my attitude.

Se vive una vez y se cometen errores un millón de veces, si en realidad yo podría vivir una vez y dejar de cometer un millón de errores en un segundo sería maravilloso, porque no sería tan humano. Lo único que debo tener en mente es vivir un día a la vez, aceptar que no soy perfecto y que la felicidad se construye por medio de mis acciones, motivación y aceptación de ser quien soy.

You live once and you make mistakes a million times, if in fact I could live once and stop committing a million mistakes in a second would be wonderful, because it would not be so human. All I have to keep in mind is to live one day at a time, to accept that I am not perfect and that happiness is built through my actions, motivation and acceptance of who I am.

En la vida se tiene dos opciones para vivir: primero, creer en poder, superar cualquier fracaso; segundo, creer en vivir fracasados. La realidad es que hay más fracasos que éxitos, pero en realidad las oportunidades de superar están presentes y las ganas de soñar nunca se alejan de nuestro interior. El éxito es la semilla que se debe cosechar en las etapas de derrotas, porque ayudará a superar cualquier momento de decepción que la vida brinda.

In life you have two options to live: First, believe in being able to overcome any failure; Second, believing in unsuccessful living. The reality is that there are more failures than successes, but in reality the opportunities to overcome are present and the desire to dream never stray from our interior. Success is the seed that must be harvested in the stages of defeat, because it will help to overcome any moment of disappointment that life provides.

Cada mañana es un nuevo comienzo, cada noche es el fin de mi rutina. Estoy agradecido por empezar mi día con un plan, tal vez no podré realizar todo lo planeado, pero todo mi esfuerzo estará en lo que se necesite hacer. No soy negativo simplemente realista, yo manejo mi tiempo, pero Dios controla mi universo.

Every morning is a new beginning, every night is the end of my routine. I'm thankful to start my day with a plan, maybe I won't be able to do everything planned, but all my effort will be in what needs to be done. I'm not just realistic negative, I manage my time, but God controls my universe.

Dios me ha dado un regalo y ese maravilloso y precioso regalo se manifiesta en ser positivo y con vida este día. Hoy seré fuerte entre altas y bajas, porque la vida tiene muchas sorpresas y mi Dios controla mi universo.

God has given me a gift and that wonderful and precious gift is manifested to be positive and alive this day. Today I will be strong between highs and lows, because life has many surprises and my God controls my universe.

"No todo es color de rosa, no todo es un cuento de hada en la vida." Soy el pintor, por ello debo ser el creador de mi realidad y plasmar mis sueños en una galería de arte; soy el autor de mis historias y aventuras, fracasos y éxitos. Soy un artista más en el salón de la fama de Dios."

"Not everything is rosy, not everything is a fairy tale in life." I am the painter, so I must be the creator of my reality and translate my dreams into an art gallery; I am the author of my stories and adventures, failures and successes. I am an artist in the Hall of Fame of God."

El tiempo nunca determinará mi manera de vivir el día, mí tiempo lo controlo a base de esfuerzo y empeño para estar tranquilo y en paz con mí ser. El tiempo se mueve como la tierra en el espacio alrededor del sol, el tiempo es infinito y yo estoy en el lugar y en el momento preciso para atraer todo lo bueno que gira en mi universo, creado por mi Dios.

Time will never determine my way of living the day, my time I control it on the basis of effort and commitment to be calm and in peace with my being. Time moves like Earth in space around the Sun, time is infinite and I am in the place and at the right time to attract all the good that revolves in my universe, created by my God.

La mejor manera de conquistar lo que deseo este día, es estar determinado y confiar que tengo alguien más poderoso que yo a mi lado. Todo lo que tengo que hacer hoy es dejar que mis hechos hablen y caminar consciente de que no soy perfecto, pero debo de esforzarme a cambiar cada segundo.

The best way to conquer what I want this day is to be determined and to trust that I have someone more powerful than me by my side. All I have to do today is let my facts talk and walk conscious that I am not perfect, but I must strive to change every second.

Si llevo una gran carga de culpa, mi alma morirá, porque no podré perdonarme a mí mismo. El perdón me ayudará a no convertirme en un mártir de mis propios errores.

If I carry a great burden of guilt, my soul will die, because I will not be able to forgive myself. Forgiveness will help me not to become a martyr of my own mistakes.

La vida es una carrera de maratón, todos los días culmina al llegar al final de mis labores. Los más hermoso es finalizar el día y recibir el premio de las manos de mi Creador y estar satisfecho y consciente que no soy un ser perfecto, sino más bien estoy buscando la perfección cada segundo. Lo hermoso es creer sin mirar y mirar siempre el final feliz. Hoy estaré dispuesto a cambiar mis actitudes negativas, por grandes motivaciones; hoy correré aspirando y recobrando fuerzas cada milésima de segundo; hoy viviré al máximo bajo la sombra del omnipotente.

Life is a marathon race, every day culminates in reaching the end of my work. The most beautiful is to end the day and receive the prize from the hands of my creator and be satisfied and aware that I am not a perfect being, but rather I am looking for perfection every second. The beautiful thing is to believe without looking and always looking at the happy ending. Today I will be willing to change my negative attitudes, for great motivations; Today I will run sucking and regaining strength every thousandth of a second; today I will live to the fullest under the shadow of the almighty.

Momentos inolvidables son los mejores recuerdos que siempre necesito para alcanzar las metas, porque produce la fuerza necesaria.

Unforgettable moments are the best memories I always need to achieve goals, because it produces the necessary strength.

Educarse es formarse y evolucionar para sobrevivir en la sociedad y preservar lo valioso y hermoso de mi cultura. El diálogo es el arma que se utiliza a diario en la sociedad para defender nuestros valores e ideales. Las lecciones más hermosas me las inculcó la experiencia, los diálogos más difíciles de argumentar está en la soledad de un momento oscuro. Hoy aprenderé nuevas lecciones para dialogar con soluciones.

Education is a training and evolution to survive in society and preserve the precious and beautiful of my culture. Dialogue is the weapon that is used daily in society to defend our values and ideals. The most beautiful lessons I instilled experience, the most difficult dialogues to argue is in the solitude of a dark moment. Today I will learn new lessons for dialogue with solutions.

No hay peor castigo que culparse de un error y la solución está en aceptar que en el caminar diario puedo cometer errores sin medir consecuencias. Detrás de un error hay lecciones que pueden mejorar la situación.

There is no worse punishment than to blame for a mistake and the solution is to accept that in the daily walk I can make mistakes without measuring consequences. Behind a mistake there are lessons that can improve the situation.

Lo mejor de la vida no vendrá mañana, ni fue ayer, lo mejor está en vivir y disfrutarlo hoy tal y como se presente.

The best of life will not come tomorrow, nor was it yesterday, the best is to live and enjoy it today as it is presented.

Estoy rodeado de energía, lo que gire a mí al redor dependerá de mi actitud y percepción para atraer lo bueno y desechar todo lo malo con la ayuda de mi creador y su persistencia de que yo tenga mis metas fijas en su omnipresencia.

I am surrounded by energy, my surroundings will depend on my attitude and perception to attract the good and discard everything bad with the help of my creator and his persistence that I have my goals fixed on his omnipresence.

Es mejor desilusionarse que quedar ilusionado. Es mejor quedar vivo que morirse; es mejor aceptar la realidad que vivir en un planeta de ficción.

It's better to be disappointed than to be thrilled. It is better to stay alive than to die; It is better to accept reality than to live on a fictional planet.

Si las oportunidades que no he valorado a través de los años, entonces las habré tirado por la ventana de la indecisión, hoy tengo una vez más la destreza de ir en busca de nuevas puertas llenas de ilusión y motivación. Sin darme cuenta de los puentes de confusión que tenga yo que atravesar, porque a mi lado estará un ser superior, que me ha dado vida para continuar hacia adelante.

If the opportunities I have not valued over the years, then I will have thrown them through the window of indecision, today I have once again the ability to go looking for new doors full of enthusiasm and motivation. Without realizing the bridges of confusion that I have to traverse, because beside me will be a higher being, which has given me life to continue forward.

Un nuevo amanecer es un nuevo comienzo, por tanto, hoy es un nuevo día, con grandes expectativas para mantener la calma y estar tranquilo.

A new dawn is a new beginning, therefore, today is a new day, with great expectations to stay calm and be quiet.

Al caminar por los callejones oscuros de la sociedad, escucho el eco de la realidad del mundo en que vivo. Las estrellas reflejan la esperanza de un futuro incierto; los gritos de odio espantan la belleza de la luna; la motivación me empuja y arranca de mi corazón raíces de coraje y amargura hacia los estereotipos de un mundo lleno de farsantes e hipócritas.

As I walk through the dark alleys of society, I hear the echo of the reality of the world I live in. The stars reflect the hope of an uncertain future; The cries of hatred frighten the beauty of the moon; The motivation pushes me and plucks from my heart roots of courage and bitterness towards the stereotypes of a world full of phonies and hypocrites.

Cada segundo, la esperanza es más fuerte que un ciclón dispuesto a devastar obstáculos que se presenten.

Every second, the hope is stronger than a cyclone willing to devastate obstacles that arise.

Lo bello de vivir es saber que en cada momento llegan noticias inesperadas. Lo triste es no saber responder a las sorpresas. Lo bueno es que como seres humanos tenemos la capacidad de superarlos.

The beauty of living is to know that in every moment unexpected news arrives. The sad thing is not knowing how to respond to surprises. The good thing is that as human beings we have the ability to overcome them.

Estar dispuesto a conquistar hasta lo más insignificante es la actitud de este día. Todo tiene valor para triunfar hoy.

Being willing to conquer even the most insignificant is the attitude of this day. Everything has courage to succeed today.

Ser libre empieza con la liberación de mi mundo ficticio, así vivir en la realidad y tomar acción en cualquier decisión.

To be free begins with the liberation of my fictitious world, so live in reality and take action in any decision.

Admirar a una estrella es lo más hermoso que puede pasar cuando las emociones están en órbita. No hay nada mejor que caminar y mirar ese lucero del amanecer en la brillantez de sus ojos. Seguiré admirando las bellezas del anochecer y perderme en las locuras de su hermosura y escribiré poesía, porque es la musa de mi mitología y la pasión porque mis letras fluyan sin cesar para expresar y plasmar poemas en el alma.

Admiring a star is the most beautiful thing that can happen when emotions are in orbit. There's nothing better than walking around and looking at that morning star in the brilliance of his eyes. I will continue to admire the beauties of dusk and lose myself in the madness of his beauty and write poetry, because it is the muse of my mythology and passion because my lyrics flow incessantly to express and translate poems into the soul.

Es fácil hacer daño en esta vida, difícil es reconstruir la ruina. Que fácil es reaccionar y ofender, difícil es aceptar el dolor que se ha causado. Que fácil es odiar y amargarse la vida, difícil es pedir perdón y sonreír sin resentimientos. Que fácil es actuar, difícil es pensar antes de actuar.

It's easy to hurt in this life, it's hard to rebuild ruin.
How easy it is to react and offend, it is difficult to accept the pain that has been caused. How easy it is to hate and embitter

your life, difficult is to ask for forgiveness and smile without resentment. How easy it is to act, hard is to think before acting.

A veces me levanto con el pie izquierdo, y por un segundo dejo de admirar lo lindo que es vivir saludable; en ese instante empiezo a escribir lo emocionante y exitoso que será mi día, sorprendentemente, todo cambia.

Sometimes I get up with my left foot, and for a second I stop admiring how nice it is to live healthy; At that moment I begin to write how exciting and successful my day will be, surprisingly, everything changes.

La bella nota de una melodía me inspira a escribir este lindo verso: si algún día me encuentro admirando la luna, es porque creo en tu amor y tu existencia. Si al mirar al cielo alcanzo a descubrir la imagen de tu belleza me doy cuenta que tu amor es incondicional.

The beautiful note of a melody inspires me to write this beautiful verse: if one day I find myself admiring the moon, it is because I believe in your love and your existence. If looking at the sky I can discover the image of your beauty I realize that your love is unconditional.

La tensión es la causa de la frustración. La calma es la medicina para estar en paz conmigo y vivir en la gracia divina.

Tension is the cause of frustration. Calm is medicine to be at peace with me and to live in divine grace.

No hay mejor motivación que vivir en armonía, así con mis defectos y virtudes. No hay mejor lucha que pelear con mi rebeldía. No hay nada mejor que creer, confiar y tener fe.

There is no better motivation than living in harmony, so with my shortcomings and virtues. There's no better fight than fighting my rebellion. There's nothing better than believing, trusting and having faith.

Hoy aprenderé del amor, la gracia y misericordia de mi Creador. Porque sin él, mi corazón dejaría de latir y viviré sin esperanza.

Today I will learn from the love, Grace and mercy of my creator. Because without him, my heart would stop beating and I will live without hope.

Los sucesos del día de hoy serán un impacto para el mañana, hoy solo tengo que vivir aceptando y corrigiendo mis errores.

Today's events will be an impact for tomorrow, today I just have to live accepting and correcting my mistakes..

Mis grandes fracasos son las obras de mis imperfecciones e inseguridad. Mi superación es la confianza en el creador y mi voluntad.

My greatest failures are the works of my imperfections and insecurity. My overcoming is trust in the creator and my will.

La mejor manera de disfrutar el día, es estar tranquilo y dejar que las cosas tomen su rumbo y estar firme en mis decisiones.

The best way to enjoy the day is to be quiet and let things take their course and be firm in my decisions.

La base fundamental para alcanzar la satisfacción de superar y solucionar toda adversidad será mi determinación.

The fundamental basis for achieving the satisfaction of overcoming and solving all adversity will be my determination.

Organizar una revolución en contra del negativismo es la mejor libertad que alcanzaré cada segundo, el día de hoy.

Organizing a revolution against negativity is the best freedom I'll ever achieve every second, today.

Mi actitud determinará conquistar este día, aceptando con positivismo cualquier circunstancia.

My attitude will determine to conquer this day, accepting with positivism any circumstance.

Agradecido con mi creador, por dirigirme en mi libre albedrío y en las decisiones que llego a tomar cada segundo mi vida.

Grateful to my creator, for directing me in my free will and in the decisions I get to take every second my life.

En Las etapas de una relación se reflejan: la revolución, porque al principio luchan por salir de la desilusión. Pasan por la etapa del socialismo y viven en compañerismo sin desigualdad. Los años pasan y la ternura es atrapada por la amargura de una dictadura. Si no sobreviven el fascismo emigran al destino del divorcio, si sobrepasan esa etapa; gobernará la democracia con libertad de menopausia y reformará la andropausia.

In the stages of a relationship are reflected: the revolution, because at first they fight to get out of disappointment. They go through the stage of socialism and live in fellowship without inequality. The years pass and the tenderness is trapped by the bitterness of a dictatorship. If they do not survive fascism they emigrate to the fate of divorce, if they surpass that stage; He will rule democracy with freedom of menopause and reform andropause.

Días y noches largas, y la vida parece estar a un segundo de la eternidad como un mito de misterio o la realidad de la verdad. ¿Quién sabe si vivimos o morimos mañana? El único que conoce mi futuro es Dios, el arquitecto del universo, pero yo soy el que tiene las columnas para forjar mi día lleno de éxitos y motivación sin importar cualquier contratiempo.

Long days and nights, and life seems to be a second of eternity as a myth of mystery or reality of truth. Who knows if we live or die tomorrow? The only person who knows my future is God, the architect of the universe, but I am the one who has the columns to forge my day full of successes and motivation no matter what setback.

La esperanza está en cada segundo y la motivación es aceptar las circunstancias. Hoy es un nuevo día lleno de grandes expectativas.

Hope is in every second and the motivation is to accept the circumstances. Today is a new day full of high expectations

A través de los años entre altas y bajas hoy solamente quiero entregarme a mi ser supremo y olvidarme cada segundo que hay muchas circunstancias en la vida que yo no puedo cambiar. El cambio ocurre en mí, cuando vivo el día al máximo.

Through the years between high and low today I only want to give myself to my supreme Being and forget every second that there are many circumstances in life that I can not change. The change happens in me, when I live the day to the fullest.

Muchas personas se equivocan al escuchar que yo hablo con mí ser interior, pero no hay nada más hermoso conocerse y saber que soy el dueño de mi universo, pero no lo controlo. Muchas veces he ignorado el consejo de la sabiduría y mi libre albedrío me ha guiado a tener que empezar y volver a empezar. Hoy sé que en mi universo hay buena vibra, pero tengo que aprender a no emocionarme y entender que fracasar una y otra vez son parte de mi vida diaria, por ello debo aprender que quedarse tirado por unos segundos es para que obtenga nuevas fuerzas y empezar siempre con una actitud positiva y que nunca es tarde para ponerse en acción hoy.

Many people are wrong to hear that I speak with my inner self, but there is nothing more beautiful to know that I am the owner of my universe, but I do not control it. Many times I have ignored the Wisdom Council and my free will has led me to start and start again. Today I know that in my universe there is good vibe, but I have to learn not to get excited and understand that failing again and again are part of my daily life, so I must learn to stay thrown by A few seconds is to get new strength and start always with a positive attitude and it is never too late to put in action today.

Hay momentos que me pierdo en el tiempo, pero en realidad yo pierdo el tiempo; muchas veces creo que el tiempo se detiene y me doy cuenta que yo me detengo y el tiempo sigue sin detenerse un segundo. Es mejor conquistar nuevos horizontes y seguir nuevas rutas cuando se truncan los sueños. El tiempo es un diamante bello y es mejor valorar cada segundo de la vida.

There are moments that I lose in time, but in reality I lose time; Many times I think time stops and I realize that I stop and time still does not stop for a second. It is better to conquer New

Horizons and follow new routes when dreams are truncated. Time is a beautiful diamond and it is better to value every second of life.

Ella es la eterna primavera, pero hoy la maltratan como a una ramera. El eco de un pasado lleno de violencia la torturan y hacen que sus lágrimas derramen: odio y resentimiento. Los colores de su bandera representan paz, sus montes verdes están llenos de esperanza y su gente tan linda lucha por una vida mejor. La eterna primavera seguirá en mi corazón hasta la muerte. Amo mi país, la cuna de mi cultura donde aprendí que en la vida hay que luchar para sobresalir y conquistar objetivos.

She is the eternal spring, but today she is battered like a harlot. The echo of a past full of violence tortures her and makes her tears spill: hatred and resentment. The colors of their flag represent peace, their green mountains are full of hope and their beautiful people fight for a better life. The eternal spring will follow in my heart to the death. I love my country, the cradle of my culture where I learned that in life you have to fight to excel and conquer goals.

Mientras el corazón sigue con sus pulsaciones normales y el cerebro con la destreza de identificar los errores. Nunca será tarde de abrazar las nuevas oportunidades que la vida nos regala. Las oportunidades siempre llegarán.

While the heart continues with its normal pulsations and brain with the ability to identify errors. It will never be too late to embrace the new opportunities that life gives us. Opportunities will always come.

A veces los laberintos en el diario vivir, se complican por unos segundos. De repente me encuentro buscando la solución a problemas que son fáciles de resolver y me encuentro fabricando una ecuación sin fórmulas para solucionar y en mi sabiduría creo resolver algo sin la ayuda de alguien más, cuando en realidad solo jamás resolveré una simple ecuación del diario vivir. Solamente lo invisible podrá con lo invencible. Gracias a algo más fuerte que yo por darme un día más de vida.

Sometimes the mazes in the daily life, are complicated for a few seconds. Suddenly I find myself looking for the solution to problems that are easy to solve and I find myself making an equation without formulas to solve and in my wisdom I think to solve something without the help of someone else, when in fact I will never solve a simple Daily living equation. Only the invisible can with the invincible. Thanks to something stronger than me for giving me one more day of life.

Vivir conmigo es mejor que vivir sin mi personalidad; yo prefiero seguir viviendo un día a la vez y que mis emociones tenga que controlarlas cada segundo y mis defectos cada milésima de segundos. La mejor satisfacción de vivir conmigo es admirar la belleza del creador ignorando las calamidades de la naturaleza y la sociedad. La conquista más grande es conquistar mi ser y doblegarme ante lo invisible y poderoso para aprender a vivir en humildad conmigo y con otros. El éxito de hoy es que sonreí.

Living with me is better than living without my personality; I prefer to continue living one day at a time and that my emotions have to control them every second and my shortcomings every thousandth of seconds. The best satisfaction of living with me is to admire the beauty of the creator ignoring the calamities of nature and society. The greatest conquest is to conquer my being and bow down to the invisible and powerful to learn to live in humility with me and others. Today's success is that I smiled.

Es difícil entender lo que pasa en la vida, no es fácil aceptar que muchas de las situaciones en el transcurso del diario vivir tienen que suceder. La vida continúa; el ser humano es el motor, la pieza principal para que cada segundo siga su rumbo, no hay que dejar que las emociones apaguen la motivación de seguir con el mismo entusiasmo de ayer para conquistar los sueños del presente.

It is difficult to understand what happens in life, it is not easy to accept that many of the situations in the course of the daily life have to happen. Life goes on; The human being is the engine, the main piece for each second to follow his course, do not let the emotions turn off the motivation to continue with the same enthusiasm of yesterday to conquer the dreams of the present.

En un lindo día como hoy: Cada milésima de segundo hay un gran reto; cada segundo de un minuto se obtiene una victoria; cada minuto de una hora se podrá perder la esperanza, pero en una hora tan valiosa del día puedo: mantener mi fe para enfrentarme al reto, gozar de la victoria y mantener la calma no dudando que mi creador me ha dotado con la virtud del positivismo para vivir y disfrutar al máximo.

On a beautiful day like today: every thousandth of a second there is a great challenge; Every second of a minute you get a victory; Every minute of an hour will lose hope, but in such a valuable hour of the day I can: keep my faith to face the challenge, enjoy the victory and remain calm not doubting that my creator has endowed me with the virtue of positivism to live and enjoy to the max.

Cuando más obstáculos hay en el caminar diario, es porque en la meta de la vida esta el gran premio que es: Satisfacción de vencer cada adversidad día con día.

When more obstacles exist in the daily walk, it is because in the goal of the life this the great prize that is: satisfaction to overcome every adversity day by day.

¡Un nuevo día, nuevos cambios! Adaptación a los cambios constantes de la vida diaria son a veces difícil de captar. Nuevos cambios son los más difíciles. Pero se hace más fácil si solamente me adapto y capto la realidad de vivir y olvidar y simplemente continuar con la misma actitud y dedicarme a cambiar mis viejos hábitos en lo físico, en lo emocional y en lo espiritual. Es por eso que hoy me aferro a mantener una actitud positiva para aceptar las malas noticias y con mucha motivación para recibir las buenas noticias.

A new day, new changes! Adapting to the constant changes of daily life are sometimes difficult to grasp. New changes are the hardest. But it becomes easier if I only adapt and capture the reality of living and forgetting and just continue with the same attitude and dedicate myself to changing my old habits in the physical, emotional and spiritual. That's why today I cling to maintain a positive attitude to accept the bad news and with a lot of motivation to receive the good news.

Decir adiós es mejor, es la quimioterapia que duele y la medicina que te enseña a vivir para olvidar. Decir adiós es la vacuna que te enseña a olvidar y te mantiene vivo e inmune para olvidar y dejar en libertad los recuerdos.

Saying goodbye is better, it's the chemotherapy that hurts and the medicine that teaches you to live to forget. Saying goodbye is the vaccine that teaches you to forget and keeps you alive and immune to forget and release the memories.

El bien y el mal, lo fácil y lo difícil los guías siempre están al alcance de nosotros. La luz y la oscuridad, elegir la esperanza de los rayos del sol, es mejor que vivir en la angustia de la oscuridad. El ser humano tiene la opción de elegir a los guías del universo. Es mejor admirar el día que llorar en los brazos de la oscuridad.

Good and evil, the easy and the difficult the guides are always within reach of us. Light and darkness, choosing the hope of the rays of the sun, is better than living in the anguish of darkness. The human being has the option of choosing the Guides of the universe. It is better to admire the day than to weep in the arms of darkness.

Si algún día brindas ayuda nunca se lo recuerdes a la persona, si ayudas hazlo de corazón y nunca esperes nada a cambio. Ayuda, si te nace del corazón y no por obligación o intereses. Cuando ayudes simplemente ayuda y no tomes control de la persona. Sé siempre un verdadero altruista.

If you ever give help you never remind the person, if you help do it in the heart and never expect anything in return. Help, if you are born of the heart and not by obligation or interest. When you help just help and don't take control of the person. Always be a true altruist.

Ayer ignoré la existencia de la realidad, hoy pienso que tal vez no existen los seres superiores, mañana quizás me olvide que esta la fuerza de voluntad. Pero a cada instante reconozco mi impotencia ante la debilidad que si existe en esta realidad. Así que hacia adelante una vez más para seguir con mí destino que yo tengo que construir. Si muero sin luchar moriré como un vil fracasado; si muero luchando seré un triunfador y lograré vencer cada obstáculo de debilidad humana.
Las buenas noticias que traen grandes oportunidades, llegan a nuestro diario vivir sin pedirlos a gritos desesperados. Llegan por medio de la dedicación y esfuerzo que realizamos a diario.

Yesterday I ignored the existence of reality, today I think that perhaps there are no higher beings, tomorrow perhaps I forget that this will force. But at every moment I recognize my impotence at the weakness that exists in this reality. So forward one more time to go on with my destiny that I have to build. If I die without a fight, I'm dead as a vile loser. If I die fighting I will be a winner and overcome every obstacle of human weakness. The good news that bring great opportunities, come to our daily live without asking desperate cries. They come through the dedication and effort we make every day.

Cuando todo parece bien en la jornada de la vida, tengo que sentarme un par de segundos y mirar hacia adelante y estar decidido a enfrentar cualquier obstáculo que se presente en mi caminar más adelante. En esta vida yo decido seguir y no mirar hacia atrás, yo tengo que aprovechar las oportunidades que se me presentan cada momento. En mi caminar yo soy el dueño de mis sueños y pensamientos que Dios puso en mi corazón antes de nacer.

When everything seems fine on the day of life, I have to sit down for a couple of seconds and look forward and be determined to face any obstacle that arises in my walk ahead. In this life I decide to go on and not look back, I have to take advantage of the opportunities that are presented to me every moment. In my walk I am the owner of my dreams and thoughts that God put in my heart before I was born.

Dicen: "Que la unión hace la fuerza" claro! Pero no hay mejor fuerza y unidad que cuando el ser humano este en unión con su alma, espíritu y cuerpo. Un ser dividido emocionalmente puede ser la herramienta para dividir una sociedad con sueños y propósitos, porque siempre velara por sus propios intereses. Ningún ser humano es perfecto todos tenemos defectos y cometemos errores, pero siempre luchamos y vamos en busca de hacer lo mejor cada Segundo. "La unión hace la fuerza" y la fuerza se obtiene con nuestra unidad personal para ser capces de entender a los demás.

They say, "that the union makes the strength" of course! But there is no better strength and unity than when the human being is in union with his soul, spirit and body. An emotionally divided being can be the tool to divide a society with dreams and purposes, because it will always look after its own interests. No human being is perfect we all have flaws and make mistakes, but we always fight and we go looking to do the best every second. "The union makes the strength" and the force is obtained with our personal unit to be able to understand others.

La gran ilusión de la vida es vivir apasionado de los sueños que están en el interior de nuestro corazón. Creer en la pasión de levantarse en una gran recesión para no hundirnos en una depresión. El poder de sobresalir es simplemente aceptar que somos seres humanos con un millón de caracteres defectuosos. Las críticas son las cadenas que nos atan a una mentalidad conformista. La motivación rompe las cadenas del conformismo, y el deseo de vivir es la llave de las grandes oportunidades en la vida.

The great illusion of life is to live passionately about the dreams that are inside our hearts. To believe in the passion of getting up in a great Recession so as not to sink into a depression. The power to Excel is simply to accept that we are human beings with a million defective characters. The criticisms are the chains that bind us to a conformist mindset. Motivation breaks the chains of conformity, and the desire to live is the key to great opportunities in life.

Los triunfos que he acumulado son frutos de mi esfuerzo. Los fracasos que he obtenido son las ramas que me amarran en la ignorancia. La actitud que hoy tengo me enseña a que el éxito se obtiene con motivación y empeño cada segundo. La fe que aún existe en mi interior me enseña a superar cada fracaso y empezar de nuevo.

The triumphs that I have accumulated are the fruits of my effort. The failures I have obtained are the branches that will love me in ignorance. The attitude that I have today teaches me that success is obtained with motivation and commitment every second. The faith that still exists inside me teaches me to overcome every failure and start again.

Hay días que los disfrutas al máximo contigo mismo y llegan los usurpadores del negativismo a matar la paz que creas con tu ser interior. Sonreír es lo más importante aún así a tu alrededor te maten el entusiasmo y la energía que iniciaste durante el día.

There are days that you enjoy the most with yourself and the usurpers of negativity come to kill the peace you create with your inner self. Smiling is the most important thing still around you kill the enthusiasm and energy you started during the day.

El mejor momento de nuestro diario vivir, es saber ignorar los malos ratos que se presentan cada segundo durante nuestra existencia en este planeta. Vivimos y nos damos cuenta que tenemos que aprender cada minuto a superar obstáculos y enfrentar la realidad de la vida diaria.

The best time of our daily life is to know how to ignore the bad times that occur every second during our existence on this planet. We live and realize that we have to learn every minute to overcome obstacles and face the reality of everyday life.

En la vida tenemos dos opciones para vivir: primero, creer en poder superar cualquier fracaso; segundo, creer en vivir fracasados. La realidad es que hay más fracasos que éxitos, pero en realidad las oportunidades de superar están presentes y las ganas de soñar nunca se alejan de nuestro interior. El éxito es la semilla que debemos cosechar en las etapas de derrotas y nos ayudara a superar cualquier momento de decepción que la vida nos brinda.

In life we have two options to live: First, to believe in being able to overcome any failure; Second, believing in unsuccessful living. The reality is that there are more failures than successes, but in reality the opportunities to overcome are present and the desire to dream never stray from our interior. Success is the seed that we must reap in the stages of defeat and help us overcome any moment of disappointment that life gives us.

Si el planeta tierra entendiera a marte, mercurio nada más ardería en flamas y Saturno se perdería en órbita en su necedad y Jupiter estaría lejos de la realidad, porque con ignorancia Plutón dejo de existir y el sol sigue con corregir a un sistema que gira sin mirar a una corrupta realidad llena de estrellas amargadas en su mundo de soledad que con frecuencia se fugan de su mundo de felicidad.

If planet Earth understood Mars, Mercury would just burn in flames and Saturn would be lost in orbit in its foolishness and Jupiter would be far from reality, because with ignorance Pluto ceased to exist and the sun continues to correct a system that turns without looking at a Corru PTA reality full of bitter stars in their lonely world that often escape their world of happiness.

En momentos difíciles, no podemos decirle a un amigo que es: fácil, decir a la montaña muévete cuando las circunstancias muestran todo lo contrario. En momentos difíciles, todo lo que se puede hacer es simplemente brindar apoyo incondicional. La vida nos presenta sorpresas cada segundo y tardamos de comprender y aceptar la realidad y nos hunde en un instante de confusión. Recordemos, que en cada dura situación en esta vida; hay un creador que nos guía y nos enseña a aceptar y superar cualquier noticia. Dios es el que tiene y esta en control de cualquier circunstancia en nuestra vida.

In difficult times, we cannot tell a friend that it is: easy, to say to the mountain move when the circumstances show the opposite. In difficult times, all that can be done is simply to provide unconditional support. Life presents surprises for us every second and it takes time to understand and accept reality and plunges us into an instant of confusion. Let us remember that in every hard situation in this life; There is a creator who guides us and teaches us to accept and overcome any news. God is the one who has and is in control of any circumstance in our life.

Tu amor llegó y dejó huellas como el ojo de un huracán. Sacudió mi ser y destruyó mi alma sin misericordia. Al parecer los daños son irreparables, pero a través del tiempo, se reconstruyen los daños y al final me doy cuenta que la desilusión tiene solución.

Your love came and left traces like the eye of a hurricane. Shook my being and destroyed my soul without mercy. Apparently the damage is irreparable, but over time, the damage is rebuilt and finally I realize that disappointment has a solution.

Si corro soy un cobarde; y si me quedo es porque tu amor no tiene límites. Si lloro no moriría; y si sonrío sobreviviré. ¡Dios, gracias por ser Dios y no un ser humano!

If I run I'm a coward; And if I stay is because your love has no limits. If I cry I will not die; And if I smile, I'll survive. God, thank you for being God and not a human being!

A Las personas que más quieres, nunca les brindas una mano, y son las que te enseñaron a ser benignos, honestos y hombres. Me duele no decirle te amo, te quiero, y a la vez, necesito escuchar tus consejos para ser un triunfador y líder como tú lo lograste.

To the people you love the most, you never give them a hand, and they are the ones who taught you to be benign, honest and men. It hurts Me not to tell you I love you, and at the same time, I need to hear your advice to be a winner and leader as you did.

La calidad de ser único es muy valioso, nadie podrá ser como yo, y jamás podré ser como otros. El arquitecto planea y traza sus sueños, el poeta escribe y vive el destino que nace de su corazón. En esta vida están los que no valoran su originalidad y se sienten felices y orgullosos imitando a otros. Yo soy el arquitecto de mis sueños y el poeta que escribe su destino. Soy único y original, porque Dios dijo: "como el no hay otro."

The quality of being unique is very valuable, no one can be like me, and I can never be like others. The architect plans and traces his dreams, the poet writes and lives The destiny that comes from his heart. In this life are those who do not value their originality and feel happy and proud imitating others. I am the architect of my dreams and the poet who writes his destiny. I am unique and original, because God said: "As there is no other."

En la sociedad en que vivo hoy, hay herramientas negativas y positivas; existe lo bueno y lo malo. Por lo tanto, yo tengo la oportunidad de sonreír y vivir alegre cada segundo. También, yo decido en hacer el bien e ignorar lo malo.

In the society in which I live today, there are negative and positive tools; There is good and bad. Therefore, I have the opportunity to smile and live cheerfully every second. Also, I decide to do good and ignore the bad.

Hay momentos inolvidables en la vida, hay recuerdos que no se borran fácilmente. En la vida hay personas que nunca llegaste a conocer y los extrañas. Pero esas no son razones de no sonreír. Recuerdos son memorias que jamás podre resucitar, pero si superarlos.

There are unforgettable moments in life, there are memories that are not easily erased. In life there are people you never met and you miss them. But those are not reasons not to smile. Memories are memories that I can never resurrect, but if you overcome them.

Llorar por un amor es en vano, es mejor reír y decir adiós. Las lágrimas envenenan y aíslan en la soledad; sonreír es la llave de felicidad. Es mejor reír que llorar."

Crying for a love is in vain, it's better to laugh and say goodbye. Tears Poison and isolate in solitude; Smiling is the key to happiness. It's better to laugh than to cry. "

El eco de la gente negativa atormenta los gritos grandiosos de motivación de las personas positivas. Yo determino mi estado emocional a través de mis acciones y tener que pedir perdón a mi alma para aprender a perdonar a otros, amarme incondicionalmente para querer un poco a los demás. Hoy solamente dejaré que mi corazón este sensible para vivir y dejar vivir a los que viven en mi círculo.

The echo of the negative people torments the grandiose cries of motivation of the positive people. I determine my emotional state through my actions and have to ask my soul for forgiveness to learn to forgive others, love me unconditionally to love a little to others. Today I will only let my heart be sensible to live and let those who live in my circle live.

Felicidad es estar contento con mi personalidad sin remordimientos al pasado, ser feliz no es ficción es acción.

Amarme comprendiendo que soy único y que muchas de las veces tendré que llorar y también sonreiré. Solamente así viviré feliz ignorando la infelicidad al estar bien con mi ser, presumiendo a los demás que hay golpes fuertes en la vida y que fortalecen mi caminar. El objetivo en este hermoso día es estar feliz para que mi universo vibre sin césar hoy, porque así lo quiere mi ser supremo, mi único Dios.

Happiness is being happy with my personality without remorse to the past, being happy is not fiction is action. Love me understanding that I am unique and that many of the times I will have to cry and also smile. Only then will I live happily ignoring the unhappiness of being well with my being, bragging to others that there are strong blows in life and that strengthen my walk. The goal in this beautiful day is to be happy for my universe to vibrate without stoping today, because that is what my supreme self wants, my only God.

El ejercicio físico es muy importante para tonificar mis músculos. Hoy empezaré a ejercitar mi mente para ser más productivo, ejercitar mi alma para ser más sereno y ejercitar mi espíritu para tener un inmenso contacto con mi Creador y estar en paz en mi universo.

Physical exercise is very important to tone my muscles. Today I will start exercising my mind to be more productive, exercising my soul to be more serene and exercising my spirit to have immense contact with my creator and be at peace in my universe.

La vida parece una película de: Terror a los demonios de inseguridad, suspenso por noticias que llegan como un terremoto que devasta el alma acción al intentar y volver a intentar sin importar las circunstancias para sobresalir, drama al no poder lidiar con emociones pasajeras y ficción cuando la falacia se vuelve una realidad. Hoy dejaré que el guionista y director de mi vida me enseñe a ser mejor para grabar hoy una escena más de un capítulo de mi vida.

Life looks like a movie: Terror to the demons of insecurity, suspense by news that come as an earthquake that devastates the soul action to try and try again no matter the circumstances to excel, drama not being able to deal with emotions Passages and fiction when the fallacy becomes a reality. Today I will let the writer and director of My Life teach me to be better to record today a scene more than one chapter of my life.

Me gustaría complacer a todos los que están en mi círculo, para hacer eso tengo que aprender a complacer y satisfacer todas mis necesidades. Mi mayor preocupación fue siempre amar y cuidar a otra persona y he olvidado amar y cuidar mi ser. Para amar a alguien tengo que amar mi ser incondicionalmente. Hoy fue un gran día, un día de crecimiento.

I would like to please all who are in my circle, to do that I have to learn to please and satisfy all my needs. My biggest concern was always to love and care for another person and I have forgotten to love and care for my being. To love someone I have to love my being unconditionally. Today was a great day, a day of growth.

Los problemas que pasan por la vida son temporales. Son simples ráfagas de viento que con sus fuerzas desestabilizan el estado emocional. Como los fuertes vientos arrastran el alma y el espíritu en ese momento, hacen un lío, pero simplemente están pasando.

The problems that go through life are temporary. They are simple gusts of wind that with their forces destabilize the emotional state. As the strong winds drag the soul and spirit at that time, they make a mess, but they're just passing by.

Los fracasos de la vida, son medicinas amargas y dolorosas que dan mucha energía para sobresalir. No siempre es fracasar y fracasar en la vida, muchas de las veces son las malas decisiones que se toman. El objetivo de hoy es vivir y estar determinado a dejar en manos del dueño de mi universo que tome el control.

The failures of life, are bitter and painful medicines that give a lot of energy to excel. It is not always failure and failure in life, many of the times are the bad decisions that are made. Today's goal is to live and be determined to leave in the hands of the owner of my universe to take control.

Cuando se cometen errores a veces es difícil estar firmes. El alma se desploma y pierde la paz. Muchas veces se vuelven hábitos difíciles de romper, se vuelven los mejores amigos y nos encadenan a la soledad, confusión y decepción. Nos encadenan a sus mentiras y nos hacen reos del fracaso. Para sobresalir de sus garras necesito más que fuerza de voluntad y tomar acción para romper ese círculo y dejar que mi Dios a base de convicción me dé la libertad completa. Hoy agradezco a Dios, por estar bien y estar en paz con mí ser, porque cada mañana es un nuevo comienzo para aprender a vivir en plena libertad y aceptar que tengo virtudes e imperfecciones. Los errores del ayer podrán ser irreparables, pero el día de hoy podré construir un presente eficaz.

When mistakes are sometimes difficult to be firm. The soul collapses and loses the peace. Many times they become difficult to break habits, become best friends and chain us to loneliness, confusion and disappointment. They chain us to their lies and make us inmates of failure. To excel in their claws I need more than willpower and take action to break that circle and let my God based on conviction give me complete freedom. Today I thank God for being well and being at peace with my being, because every morning is a new beginning to learn to live in full freedom and accept that I have virtues and imperfections. Yesterday's mistakes may be irreparable, but today I will be able to build an effective present.

Las dulces melodías dejaran de endulzar con sus bellos tonos cuando los sonidos de melancolía lleguen a distorsionar los dulces himnos de esperanza. El Rey de mi universo, el director de la orquesta de mi vida, y el coreógrafo de mis emociones siempre me enseñará nuevos pasos para danzar un nuevo son con motivación y alegría.

The sweet melodies will stop sweetening with their beautiful tones when the sounds of melancholy come to distort the sweet hymns of hope. The King of my universe, the director of the Orchestra of my life, and the choreographer of my emotions will always teach me new steps to dance a new are with motivation and joy.

Durante el día es fácil darse por vencido. Lo hermoso de vivir es que yo soy el que elige el destino de un grandioso presente. El día de hoy me logró atrapar la inseguridad, decepción y desconfianza por un segundo. También el día de hoy logre aferrarme con seguridad, motivación y confianza en esforzarme a culminar mi presente en las manos de mi Dios, y su sonrisa logró atrapar mi alma impaciente para estar tranquilo y en paz.

During the day it is easy to give up. The beauty of living is that I am the one who chooses the destiny of a great present. Today I managed to catch insecurity, disappointment and distrust for a second. Also today I manage to cling safely, motivated and confident in striving to culminate my present in the hands of my God, and his smile managed to catch my impatient soul to be calm and peaceful.

La bella historia estará escrita en una página más de una serie de capítulos. El autor con sus buenas intenciones expresa con tinta los buenos tiempos y decide borrar un poco de felicidad y agregar más tensión para que la novela se pueda vivir con intensidad en el momento. El autor de mi vida está editando a su voluntad, la novela más bella. Escribe lo que es más importante y borra lo que no es necesario para convertir la mejor novela en una verdadera obra de arte.

The beautiful story will be written on a page more than a series of chapters. The author with his good intentions expresses with ink the good times and decides to erase a little happiness and add more tension so that the novel can live with intensity at the moment. The author of my life is editing to his will, the most beautiful novel. Write what is most important and erase what is not necessary to turn the best novel into a true work of art

La obsesión se volvió mi religión, mi doctrina fue la locura de hacer lo que tortura mi alma. Hoy tengo la libertad de seguir en la locura de vivir al máximo con la certeza de llegar a obtener la paz en la tranquilidad del universo que vivo bajo un poder supremo sin necesidad de escuchar el eco de guerras de frustración que matan las obligaciones de ser transparente y aceptar la realidad.

Obsession became my religion, my doctrine was the madness of doing what tortures my soul. Today I have the freedom to continue in the madness of living to the fullest with the certainty of getting peace in the tranquility of the universe that I live under a supreme power without having to listen to the echo of wars of frustration that kill the obligations of being transparent and accept the reality.

www.ingramcontent.com/pod-product-compliance
Lightning Source LLC
Chambersburg PA
CBHW031551210526
45464CB00003B/1256